Н. ПАВЛОВА

Земляничка

Рисунки
Л. РЫБЧЕНКОВОЙ

РЕЧЬ
Санкт-Петербург · Москва
2019

Светит солнышко. На поляне созрела ягодка земляничка. Увидел её комар и запищал:

— Ягодка созрела: красная, душистая!

Услышала комара птичка, полетела на поляну. Хочет съесть земляничку.

Услышала комара мышка, побежала на поляну. Хочет съесть земляничку.

Услышала комара лягушка, поскакала на поляну. Хочет съесть земляничку.

Услышала комара змея, поползла на поляну. Хочет съесть земляничку.

Набежала на солнышко туча. Увидел её комар и запищал:

— Дождь пойдёт: мокрый, холодный!

Услышала комара птичка —
скорей на дерево.

Услышала комара мышка — скорей в норку.

Услышала комара лягушка — скорей под листок.

Услышала комара змея — скорей под корень.

А ягодка земляничка под дождём купается да радуется, что её никто не тронул.

УДК 087.5
ББК 84(2Рос=Рус)6
П12

СЕРИЯ: СТРАНИЧКИ-НЕВЕЛИЧКИ

Литературно-художественное издание
Для детей старшего дошкольного возраста

Нина Михайловна Павлова

ЗЕМЛЯНИЧКА

Сказка

Художник Лора Борисовна Рыбченкова

Подписано в печать 21.01.2019 г. Формат 70 × 100 1/32
Бумага офсетная. Гарнитура TextBook. Печать офсетная.
Печ. л. 0,5. Тираж 4000 экз. Заказ № 20656/5
Дата изготовления: февраль 2019 г.

Срок службы (годности): не ограничен
Условия хранения: в сухом помещении
Отпечатано в России

Знак информационной продукции
(Федеральный закон № 436-ФЗ от 29.12.2010 г.): 0+
Товар соответствует требованиям ТР ТС 007/2011
«О безопасности продукции, предназначенной для детей и подростков»

ООО «Издательство „Речь“». 199178, Санкт-Петербург, а/я 96
Тел.: (812) 323-90-63
rech-edit@mail.ru, www.rech-deti.ru
rech_deti rech.deti rechbooks

Отпечатано в типографии «ЛД-ПРИНТ»
196644, Россия, Санкт-Петербург, Колпинский р-н,
пос. Саперный, территория предприятия «Балтика», д. б/н, лит. Ф
Тел.: (812) 462-83-83, office@ldprint.ru